La Vida de los Vencedores

La Realidad de la Redención

ALEXANDER O. EMOGHENE

TABLA DE CONTENIDOS

LA VIDA DE LOS VENCEDORES

1 Juan 5:4: Porque todo lo que es nacido de Dios vence al mundo; y esta es la victoria que ha vencido al mundo, nuestra fe.

Juan 3:3: … que el que no naciere de nuevo, no puede ver el reino de Dios.

El nuevo nacimiento no es únicamente un cambio de mentalidad o de opinión. Muchos pueden haber imaginado que se trata de cambiar el estilo de vida, de moverse de círculos profanos hacia sagrados. Algunos usan términos como "prueba a Jesús y mira lo que sucederá en tu vida", como si Cristo fuera una píldora momentánea que puede funcionar o no, o una chaqueta que puedes ponerte y quitarte a tu antojo. El problema aquí es que el énfasis está en lo temporal; no se alienta a una persona a mirar el nuevo nacimiento a la luz de la eternidad, sino más bien el "aquí y ahora". Un individuo con esa mentalidad pronto se dará cuenta que su relación será inconsistente y pasará de frío a calor en un corto espacio de tiempo.

El nuevo nacimiento es un cambio en la naturaleza, una transformación, y para comprenderlo completamente, primero debemos comprender el término "nacido de nuevo". Así que, ¿qué significa nacer de nuevo? Comencemos definiendo la palabra "nacido". El diccionario define la palabra nacido como "traído desde el nacimiento". Esto significa que un individuo que no era visible o que existía fue traído por nacimiento.

Biológicamente, todos entendemos el proceso de una mujer que concibe. A su debido tiempo, el parto comienza y da a luz a su bebé. Este bebé nunca ha estado antes en el mundo, y en el momento del nacimiento, él o ella entra y se ofrece a su vista un mundo totalmente nuevo y una vida nueva por delante.

Veamos este proceso desde la perspectiva del bebé. Aquí hay una vida totalmente nueva en este mundo. Una vida que nunca había visto este lado del mundo, pero ahora ella o él han nacido en él; han sido tomados de un mundo o ubicación y posicionados en uno diferente. Hasta ahora, la realidad del bebé se limitaba a un pequeño espacio que el bebé llamaba hogar. El útero de su madre era el único mundo que conocían. Desconocido para el bebé, hay un mundo mucho más grande por descubrir. Aunque puede ser invisible y poco realista para el bebé, es tan real como su realidad actual.

Por lo tanto, la experiencia del renacer puede ser entendida por esta realidad biológica. Cuando un individuo nace de nuevo, literalmente nace en un nuevo mundo del espíritu. Lo que, hasta el momento en que uno entrega su vida al Señor Jesucristo, no era real. Una vez que una persona nace de nuevo, el nuevo mundo se hace real, accesible y revolucionario.

Otra verdad es que al nacer, un bebé sano nace completo con todo lo que necesita. Tienen todos sus órganos vitales, tejidos, células, etc., todo lo que necesitan para funcionar en este mundo. Esta es una revelación crucial porque al momento del nacimiento no se agregará ningún órgano a un bebé sano. Sí, sabemos que el cuerpo crecerá y se desarrollará, pero a modo de ilustración, al nacer, el proceso se completa. En la misma línea, el hijo de Dios nacido de nuevo nace completamente a la imagen de Dios.

Demos un vistazo más de cerca a la otra palabra "otra vez". Vemos en el diccionario sinónimos de la palabra como por ejemplo ser nuevo, en otro momento y una vez más. Podemos definir la palabra "otra vez" para repetir algo. Si juntamos estas dos palabras, nos enfrentamos con esta realidad espiritual, que nacerá en otro momento.

Este concepto de un nuevo nacimiento hizo que Nicodemo le preguntara a Jesús "¿Cómo puede un hombre nacer siendo viejo?" (Juan 3:4). Ciertamente, Nicodemo tenía algo de conocimiento espiritual, por lo que su pregunta era lógica, justa y provenía del deseo de comprender verdaderamente. Jesús tuvo que exponer a este docto maestro la verdadera revelación de haber nacido de nuevo. Él continuó explicando que era posible espiritualmente, ya que las personas entran al nuevo nacimiento por fe a través del poder del Espíritu Santo. Jesús describió este nuevo nacimiento como el renacer. Es un término que representa visualmente a un ser nacido de nuevo de Dios a través del útero de la fe por el poder del Espíritu Santo.

Hay un vínculo entre el nuevo nacimiento y la renovación mental. Un cambio de la mente o renovar la mente es un proceso que cada creyente debe experimentar. El proceso de renovación mental es un largo viaje. Cuando una persona nace de nuevo, no se trata solo de un cambio de opinión, es por eso que algunos dicen: "He intentado la Iglesia, pero ahora deseo algo más". Amigos, no importa cuánto se imagine un bebé en el útero, no puede volver allí. Nacer de nuevo es similar en el sentido de que no es solamente religión o filosofía. Si realmente naces de nuevo, tiene lugar una transformación, ya sea visible para el ojo natural o no, porque has entrado en una nueva vida en Dios.

Los creyentes son nacidos de Dios. Nacen en un nuevo mundo espiritual, el mundo de Dios, y pueden participar en la vida de Dios. Nacen en una vida de novedades con un espíritu pleno y perfecto; uno que refleja el amor y la gracia de Dios y está preparado para crecer en las cosas de Dios. Si esta no es tu realidad, entonces es posible que no haya sucedido la regeneración. Es posible que hayas entrado en la religión, pero no en la regeneración; no ha habido un nuevo nacimiento.

Como creyente nacido de nuevo, puedes comenzar a disfrutar tu nueva vida con Dios incluso mientras estés en el planeta tierra, ¡no tienes que esperar hasta llegar al cielo! El renacer no es solamente un cambio de cultura; es nacer en una nueva cultura divina, una que nunca ha sido experimentada por el individuo. Es nuevo; es un espacio totalmente nuevo esperando que el creyente desarrolle su fe. Cada creyente debe tomar una decisión consciente de caminar en toda la grandeza en la que ha llegado como resultado de la fe en Dios. La caminata es de victoria, paz y alegría.

El nuevo creyente ha sido vaciado de la influencia y los deseos de este mundo, y ha sido dotado de la influencia y los deseos del cielo. Han pasado de la oscuridad a la luz, el pecado ha perdido el control y ahora operan desde el lugar correcto de la mano de Dios. Al igual que el bebé salió del útero; el mundo, tu útero anterior, te ha perdido. No son del mundo, como tampoco yo soy del mundo. Si fuerais del mundo, el mundo amaría lo suyo; pero porque no sois del mundo, antes yo os elegí del mundo, por eso el mundo os aborrece (Juan 17:16 - Juan 15:19).

Jesús dijo que el que es nacido de la carne es carne (es decir, por una mujer a través del útero) y el que es nacido del Espíritu es un espíritu (es decir, nacido por medio del útero de la fe). Todos los humanos deben participar en la experiencia humana porque todos debemos nacer primero de forma natural. Estas experiencias varían de persona a persona y pueden ser drásticamente diferentes. Sin embargo, todas son experiencias humanas reales.

Estoy seguro de que lo has escuchado decir antes, pero merece la pena repetirlo; no eliges cómo vienes a este mundo, pero eliges dónde y cómo pasarás la eternidad. Tu eternidad está determinada por las elecciones que hagas aquí y ahora. ¡Nunca te olvides de ello!

EL GRAN ESCAPE

Las escrituras declaran que el mundo entero está bajo el maligno (1 Juan 5:19). El maligno aquí es una referencia al diablo (Satanás). Todos aquellos en este mundo o vinculados a este sistema mundano están bajo su poder, control, dominio y gobierno.

El poder del enemigo es pesado en el mundo, y mantiene a personas de todo el mundo en cárceles espirituales. Desde prisiones físicas de enfermedades y dolencias hasta prisiones emocionales de depresiones, estrés, etc. Él gobierna con miedo y paraliza a las personas

con control demoníaco. Pero hay esperanza,
¡hay una salida!

Una persona nacida de nuevo se ha librado
de la potestad de las tinieblas, y trasladado
al reino de su amado Hijo, (Colosenses
1:13). Mientras caminas en la nueva vida,
es en este lugar donde la Biblia dice: Dios
te guarda y el maligno no te toca (1 Juan
5:18).

1 Pedro 1:4 dice, "Por medio de las cuales se
nos otorgan grandes y preciosas promesas:
que por medio de esto ustedes puedan ser
partícipes de su naturaleza divina, para
una herencia incorruptible, incontaminada
e inmarcesible, reservada en los cielos para
vosotros".

El creyente ha escapado de las principales
armas de Satanás que usa para oprimir a

todos los habitantes del mundo que no han nacido de nuevo (Hebreos 2:15). El miedo se define como una emoción desagradable causada por la amenaza de peligro, dolor o daño. A partir de esta definición, podemos apreciar realmente el hecho de que todo el mundo, aquellos que no han nacido de nuevo, sufren gravemente a manos de Satanás. ¿Por qué? Porque por naturaleza, la mayor forma de miedo es el miedo a la muerte (1 Corintios15:26).

Del miedo a la muerte se derivan otras formas de miedo, como el miedo a la enfermedad, el miedo a lo desconocido, el miedo a lo inesperado, el miedo al rechazo, el miedo al fracaso, el miedo al dolor, etc. El miedo se funda en la muerte y finalmente la provoca.

El miedo es una prisión o fosa espiritual, donde Satanás mantiene a sus víctimas bajo una fuerte presión. Esta presión puede manifestarse como los deseos de vivir una vida pretenciosa en hipocresía, mentiras y tentación. Tarde o temprano, estos individuos se encontrarán indefensos atrapados en formas injustas e impías, promoviendo las obras del mal.

Gracias a Dios que a través del nuevo nacimiento, Cristo se ha convertido en la vida del creyente (Colosenses 3:4). La muerte y el miedo a la muerte han perdido su control sobre el corazón y la mente del creyente para siempre. Dios ahora ha traído consuelo y seguridad donde una vez hubo duda e incertidumbre. Donde moraba el miedo a la condenación, ahora ha nacido la vida eterna, y se ha tragado la muerte para siempre (Juan 3:16). Hemos escapado de la prisión de Satanás, o foso por así decirlo, a la gloriosa libertad de Su querido Hijo (Gálatas 5:1). ¡Debido al nuevo nacimiento, salimos de la prisión y entramos en libertad!

ESCAPE DE LA CORRUPCIÓN

Las escrituras son muy claras sobre de la corrupción que hay en el mundo. La palabra "corrupción" significa perecer o destruir. También significa maltratar o estropear. Todos estos son sinónimos del nombre de Satanás "Abadón" (Apocalipsis 9:1). La agenda oculta del enemigo es tomar cosas buenas y abusar de ellas hasta que pierdan todo su valor. Hurta, arruina, corrompe y destruye (Juan 10:10).

Tenemos individuos brillantes que no han entrado en el nuevo nacimiento y son guiados por Satanás a caminos que únicamente conducirán a la destrucción y la condenación eterna. Los talentos se desperdician por los hábitos destructivos, y estos individuos eventualmente se convierten en una amenaza para sus familiares y la sociedad en general. Nunca fue así, Dios nos creó a cada uno de nosotros con un gran plan, pero debemos elegir caminar en él para ver la realidad de Su plan maestro manifestado en nuestras propias vidas.

Satanás usa los estilos de vida en la esclavitud de cosas como la pornografía, fumar, beber, apostar, robar, mentir y engañar a sus víctimas. Se convierte en un ciclo continuo que conduce a una gran culpa, vergüenza y arrepentimiento. El enemigo desea detener el desarrollo y el crecimiento personal; su plan es que retrocedas y empeores, no que progreses y mejores (Lucas 16:13)

La buena noticia es que el creyente ha escapado y ha recibido inmunidad divina de estas corrupciones; Satanás ya no tiene ninguna influencia, excepto la que se le da. Debes cerrar y resistirlo en cada oportunidad, y él huirá de ti.

Realmente me gustaría animarte aquí, sin importar dónde te encuentres en esta vida, Jesús está aquí para ti y por fe puedes recibir Su gracia para ser hecho nuevo; ¡puedes nacer de nuevo! (Romanos 10:13).

ESCAPE DEL INFIERNO

Otra realidad es el escape de la eterna miseria en el infierno. Para el creyente renacido, el escape de esta corrupción es real, refrescante y provoca alegría y satisfacción de todo corazón. Además, es este escape de la condenación eterna y la promesa de la vida eterna en Cristo lo que estimula la sed de seguir a Cristo. Esta sed equipa al creyente para mantener una fuerte esperanza y confianza en vivir la vida justa aquí en la tierra.

Esta seguridad es capturada Juan 1:12: "Mas a todos los que le recibieron, a los que creen en su nombre, les dio potestad de ser hechos hijos de Dios; incluso a los que creen". Tu fe en Cristo ha traído la casa por así decirlo. El creyente nacido de nuevo ya no es un esclavo o un sirviente, sino un hijo o una hija de Dios. Al creyente se le concede, por gracia, nacer en la familia de Dios.

Hay experiencias divinas que solamente se pueden experimentar gracias a esta nueva vida. Es un lugar nuevo. Crece y florece por defecto espiritual por así decirlo, y ya no es por esfuerzo, sino por naturaleza espiritual. La naturaleza de Dios mora en el creyente, y es hora de crecer en la gracia de Dios (2 Pedro 3:18).

Salmos 66:8: "Hiciste cabalgar hombres sobre nuestras cabezas; atravesamos el fuego y el agua, pero nos trajiste a un lugar de abundancia".

Es muy importante mencionar aquí que no has escapado simplemente del malvado (Satanás), el miedo a la muerte, la corrupción y la condenación eterna que hay en este mundo; también has sido posicionado para disfrutar de los grandes privilegios del Reino de Dios.

2 Corintios 13:14: La gracia del Señor Jesucristo, el amor de Dios, y la comunión del Espíritu Santo sean con todos vosotros. Amén.

Esto es lo que yo llamo el lugar de la abundancia. Un lugar donde, siendo hijo de Dios, tienes acceso a:

1. La gracia del Señor Jesús
2. El amor de Dios
3. La comunión del Espíritu Santo

LA GRACIA DEL SEÑOR JESUCRISTO

El nuevo nacimiento lleva al creyente al mundo de la gracia del Señor Jesús. Esta gracia del Señor Jesucristo revela el misterio detrás del poder que permitió las obras de Jesucristo. Señala el poderoso poder que impulsó la encarnación, lo que significaba que para Su asignación de redención, esta gracia fue dada para facilitar el asombroso proceso de Dios convirtiéndose en carne:

1 Timoteo 3:16: Y sin controversia, grande es el misterio de la piedad: Dios se manifestó en la carne, justificado en el Espíritu, visto de ángeles, predicado a los gentiles, creído en el mundo, recibido en la gloria.

En la carne, la gracia continuó implacablemente en su vida y ministerio terrenales. El llevó una vida sin pecado (Hebreos 4:15). Sus mensajes y sus obras de milagros estaban llenos de gracia (Juan 1:14). Esta gracia estuvo activa en Su juicio. En una situación normal, la mayoría de los humanos habrían muerto teniendo en cuenta las palizas, la tortura y la pérdida de sangre que soportó, pero la gracia estaba trabajando incansablemente. Oh, incluso en la muerte, sepultura y resurrección del Señor Jesucristo, la gracia estaba disponible.

1 Corintios 15:54: Y cuando esto corruptible se haya vestido de incorrupción, y esto mortal se haya vestido de inmortalidad, entonces se cumplirá la palabra que está escrita: Sorbida es la muerte en victoria.

Después de Su muerte y sepultura, es la misma gracia que trabaja en la transformación del cuerpo de Jesucristo que ahora está vestida de inmortalidad; la gracia se tragó la muerte. ¡Bien!

Puedes decir, "¡Alejandro, el Espíritu Santo hizo eso!" Las escrituras se dirigen al Espíritu Santo como "el Espíritu de Gracia" (Hebreos 10:29).

Pablo llama la atención del creyente sobre este misterio de gracia y cómo accedemos a él para disfrutar de la investidura sobrenatural. El creyente no solo ha venido a Su vida, sino que también ha sido fortalecido a través de Su vida, así como Jesús fue facultado para vivir una vida victoriosa y vencedora aquí en la tierra.

La gracia del Señor Jesucristo hizo todo lo que Jesucristo hizo para tener éxito. Si miras todo lo que Jesucristo logró aquí en la tierra para nosotros, Su obra completa, las Escrituras dicen que fue por la gracia sobre Su vida.

2 Corintios 8:9: Porque ya conocéis la gracia de nuestro Señor Jesucristo, que por amor a vosotros se hizo pobre, siendo rico, para que vosotros con su pobreza fueseis enriquecidos.

Esta es la realidad que el creyente debe tener hambre para concebir, el conocimiento de la gracia del Señor Jesucristo. Pablo dijo, "porque conocéis la gracia". La gracia significa estar habilitado o facultado divinamente a través del favor inmerecido de Dios. Dios no solo te llamó por nada (Juan 16:15). Él tiene un plan para ti, una increíble tarea, una poderosa misión y gracia ha llegado a tu vida para ayudar a cumplir esa tarea.

La gracia está trabajando mientras lees este libro. Es Su gracia la que te ha llevado a abrir este libro. Verás, Su gracia te llevará a descubrir secretos, lugares y personas que son fundamentales para cumplir Su plan para tu vida. Significa que Dios sabe dónde estás y todo lo que necesitas para tener poder para cumplir con tu tarea; la gracia es el carruaje que te llevará allí.

La gracia es un regalo que viene libremente y hace todo el trabajo de forma gratuita mientras te hace ver bien. La gracia no le falló a Jesucristo y la gracia no te fallará a ti. La gracia hace que todo el conocimiento esté disponible, pone de manifiesto toda la creatividad, hace que todo el entendimiento fluya y todos los recursos sean accesibles. La gracia es el favor de Dios y la bendición de Dios sobre ti. Esta es la gracia que se ha puesto a tu disposición como creyente, ¿dime qué puede detenerte?

Lee lo que dijo el apóstol Pablo en **1 Corintios 15:9-11:**

Porque yo soy el más pequeño [digno] de los apóstoles, y no soy digno o merezco ser llamado apóstol porque una vez hice daño, perseguí y molesté a la iglesia de Dios [oprimiéndola con crueldad y violencia]. Pero por la gracia (el favor inmerecido y la bendición) de Dios, soy lo que soy, y su gracia hacia mí no fue [encontrada] para nada (infructuosa y sin efecto). De hecho, trabajé más duro que todos ellos [los apóstoles], aunque no era realmente yo, sino la gracia (el favor inmerecido y la bendición) de Dios que estaba conmigo. (AMPC)

¡Sí! Aún deberás trabajar en algunas cosas, pero finalmente debes tener esta comprensión; en el Reino de Dios, Él ha trabajado cada detalle. Está de tu parte comprender el concepto de recibir, por fe, la gracia del Señor Jesucristo.

¿Cuál es, entonces, tu actitud hacia esta gracia? ¡Tu actitud debe ser positiva, y tu respuesta siempre debe ser recibir! Escucha, con Dios, debes desarrollar la actitud de recibir, porque incluso en tu mejor momento, no puedes competir con la gracia de Dios, nada puede hacerlo.

2 Corintios 6:1: Así, pues, nosotros, como colaboradores suyos, os exhortamos también a que no recibáis en vano la gracia de Dios.

¿Cuándo se reciben cosas en vano? Cuando uno no usa lo que se le ha dado de la manera apropiada o cuando se ignora por completo el valor de lo que se le ha dado. Es posible, a través de la ignorancia y la falta de revelación, vivir como alguien que no tiene gracia y vivir la vida como un creyente, lleno de gracia pero derrotado en todas las áreas. ¡Rezo para que esta no sea tu porción en el Nombre de Jesús!

Algunos, sin saber el valor de lo que han recibido, trabajan duro, piensan mucho y terminan en lugares difíciles. ¡Ruego que aproveches la gracia que se te ha puesto a tu disposición de ahora en adelante! Es tu momento para que la gracia del Señor Jesucristo se haga cargo de todos tus asuntos en el Nombre de Jesús. Pablo insta a que el receptor de la gracia debe caminar en gracia al máximo. Lo hizo, y su impacto todavía se siente hasta el día de hoy. Mi oración es que la gracia del Señor Jesucristo tendrá libertad en su vida, para obtener los resultados que Dios desea para ti en el Nombre de Jesús. Rezo para que la gracia del Señor reemplace tus años de trabajo por favores.

- La gracia añadirá sabor a tu vida
- La gracia añadirá color a tu vida
- ¡Recíbela en el nombre de Jesús!

EL AMOR DE DIOS

Muchos se quedan cortos al tener un verdadero encuentro con el amor de Dios. Muchos intentan acercarse al amor de Dios en el reino humano, con sus cinco sentidos. De alguna manera, conciben que Dios los ama desde un punto de vista humano y al final tratan de establecer su propia justicia.

¡Deja que el amor de Dios tenga acceso a tu corazón mientras lees esto!

¿Proyecta la frase "el amor de Dios" cómo nos ama Dios? Las escrituras declaran

DIOS ES AMOR (1 Juan 4:8). En otras palabras, la frase está avanzando a quién es Dios y no esencialmente a lo que Él hace. La oración "el amor de Dios" le dice al creyente que entre en el mundo de quién es Dios: ÉL ES AMOR.

Si puedes concluir que Él es amor, entonces nada impedirá que entiendas Sus motivos, Su carácter y Sus planes en tu vida. A veces, la vida puede volverse muy dura e insoportable, y muchos comienzan a preguntarse por qué Dios esto y por qué Dios aquello. Estas preguntas siempre suelen tener un tono parecido a "Dios no se preocupa por mí y no me ama".

Amigos, ¡Dios es amor! Incluso en Su peor día, si tuviera uno, su amor por ti no se vería afectado. Él no solo posee amor, es todo lo que Él es, y así es como Él quiere ser visto. El nuevo nacimiento hace posible este encuentro. ¡Encuentra al Padre amoroso hoy!

Antes del nuevo nacimiento, el pensamiento de Dios excita un sentimiento de juicio, hipocresía, ira y muchos otros sentimientos negativos porque estábamos lejos de Él (Efesios 2:11-13). Una vez que naces de nuevo, el renacimiento provoca un sentimiento de amor, perdón y seguridad. ¿Por qué? Por el amor de Dios. El creyente no solo es amado por Dios, sino que ahora el creyente reside en el Padre y ha tomado la misma naturaleza de amor que Él.

Entonces, desde ese momento, experimentas el nuevo nacimiento, y Dios comienza a tratarte como Dios trataría a Su Hijo. Lo llamo AMOR EXCLUSIVO. El individuo escuchará que Dios le habla tal como Dios le habla a Jesús. Las escrituras llaman al creyente vencedor, por el amor de Dios. El creyente escucha cosas más altas y más grandes que no son de este mundo. El creyente que conoce el amor de Dios los posiciona para mejor y desarrolla su estima en esta vida. Ellos escucharán constantemente a Dios hablando bien de ellos y a ellos. Incluso donde Dios trae corrección, será recibido por la fugacidad y la atmósfera del amor.

El amor de Dios permite al creyente caminar y hablar libremente con el sentimiento de perdón para siempre. El amor de Dios genera un poderoso espíritu de identidad y propiedad de las cosas del cielo. "Tú perteneces aquí", dice Dios. Tienes una herencia preparada. Eres suyo, y él es tuyo. Como Adán llamó a Eva el hueso de su hueso y la carne de su carne. Eres el espíritu de Su Espíritu y este amor de Dios en ti, es profundo.

Juan 17:23: Yo en ellos, y tú en mí, para que sean perfectos en unidad, para que el mundo conozca que tú me enviaste, y que los has amado a ellos como también a mí me has amado.

Jesús hizo una declaración sobresaliente aquí; ¡Él llegó a la conclusión de que Dios nos ama como Dios lo ama a Él! Oh, cómo necesitamos esta perspectiva en nuestros días. Ya no hay necesidad de actuar o tratar de comprar Su amor a través de obras. La Biblia dice: "Que Él hizo sobreabundar para con nosotros en toda sabiduría e inteligencia, (visión práctica y prudencia)" (Efesios 1:8 AMPC).

Elegí este versículo simplemente por la palabra "abundante". Cada vez que el Señor piensa en nosotros, es para prodigarnos con gran amor, ¿por qué? Él es un Dios abundante. El-Shaddai es Su nombre. ¿Qué no puede hacer Él por ti si Él te ama como a Sí mismo? Piénsalo; ¿Cómo te tratas cuando te cortas o te sucede algo parecido? Estoy seguro de que te cuidas mucho y tomas las medidas necesarias para asegurarte de que la curación se llevará a cabo.

A menudo, los resultados y las demostraciones de Jesús se debieron a su conciencia del amor de Dios:

Juan 3:36: El Padre ama al Hijo, y ha entregado todas las cosas en su mano.

Juan 15:9: Como el Padre me ha amado, así también yo os he amado; permaneced en mi amor.

Juan 10:17: Por eso me ama el Padre, porque yo pongo Mi vida, para volverla a tomar.

Jesús tenía una mentalidad saludable de "padre e hijo", y Él siempre funcionó bajo el amor de Dios. Durante todo Su ministerio aquí en la tierra, Él nunca se apartó de la revelación de que Dios es Su Padre y que Dios lo ama a Él más allá de cualquier otra cosa; esto debe convertirse en la mentalidad y perspectiva del creyente.

Ahora lee Efesios 5:9: Porque nadie odiaba aún su propia carne; pero lo nutre y lo cuida, como el Señor la iglesia.

El amor es el motivo para nutrir y cuidar tu cuerpo, es por eso que debes estar seguro de que Dios nutrirá y apreciará todo lo que te concierne. Ahora eres Su cuerpo y Él te está cuidando, incluso mientras lees este libro. Una forma en que Él te cuida es revelando más de quién es Él para ti.

Ruego que Su amor inunde tu corazón y tu mente en el Nombre de Jesús.

Mateo 6:31-33: No os afanéis, pues, diciendo: ¿Qué comeremos, o qué beberemos, o qué vestiremos? Porque los gentiles buscan todas estas cosas; pero vuestro Padre celestial sabe que tenéis necesidad de todas estas cosas. Mas buscad primeramente el reino de Dios y su justicia, y todas estas cosas os serán añadidas.

Jesús les recordó a los discípulos que no se preocupen por nada porque Él se ha encargado. Si Dios ama a Jesús tanto como a ti, entonces Él siempre está contigo, siempre te proveerá y Su presencia terminará con la presencia del enemigo. ¡Rezo para que todo lo que haya llegado a alterar el amor de Dios en tu vida se termine hoy en el Nombre de Jesús!

El amor de Dios te rodeará de ahora en adelante, el amor de Dios fluirá desde tu ser interior sin límites, y el amor de Dios romperá todo temor y duda hoy en el Nombre de Jesús.

Dios es amor: si estás en Él, ¡entonces tienes amor!

LA COMUNIDAD DEL ESPÍRITU

La fraternidad es donde todo comienza a suceder; es lo que te hace ilimitado, es donde aprendes la voz de Dios. Prepárate para el momento de tu vida; compañerismo con Dios.

¿Qué es el compañerismo? El diccionario dice que es una relación amistosa o de compañía. Otra definición establece que es la asociación de personas que tienen intereses o gustos similares. ¿Qué significa esto para ti como recién nacido? Significa que, por la gracia del Señor Jesucristo, en el amor de Dios, se te ha dado acceso libre para tener una relación amistosa con la Persona más poderosa del universo, el Espíritu Santo.

El creyente está llamado a la compañía íntima con el Espíritu Santo; acceso ilimitado, para asociarse con la persona del Espíritu Santo. Estamos hablando de Dios. Hablamos de la gracia del Señor Jesucristo, el amor de Dios y la persona del Espíritu Santo. Esto significa que, como creyentes, nos convertimos en compañeros y asociados. Estamos siendo entregados no solo a la gracia y al amor, sino que ahora tenemos la libertad de disfrutar de estar en comunión con el Padre, trabajando en asociación con Él en este lado de la eternidad.

El compañerismo significa que has sido criado para asociarte con el Espíritu Santo. Esta es una asociación que producirá los mismos resultados que Dios necesita que elabores, produciendo todo lo que Dios ha ordenado de su palabra.

No olvides, desde el principio de la creación, fue el Espíritu Santo quien sopló sobre la tierra antes de que la creación pudiera manifestarse:

Génesis 1:1-2: En el principio creó Dios los cielos y la tierra. Y la tierra estaba desordenada y vacía, y las tinieblas estaban sobre la faz del abismo, y el Espíritu de Dios se movía sobre la faz de las aguas.

Hay un movimiento en tu espíritu en este momento, y este movimiento es por asociación y compañerismo. Comienza con tu vida y luego serás utilizado como un desbordamiento, para ayudar a las vidas de los demás. Ruego que tu fraternidad con el Espíritu Santo no sea en vano.

A través de la fraternidad, habrá un increíble poder creativo que se liberará en tu corazón. ¡Comienza a recibirlo AHORA! La comunión con el Padre, el Hijo y el Espíritu Santo también libera poder en tu espíritu porque el Espíritu Santo es el Espíritu de poder. Este poder es el poder del cielo destinado a elevar a cada creyente a alturas ilimitadas. Es un poder como ningún otro y asegura que se obtengan resultados.

2 Timoteo 1:7: Porque no nos ha dado Dios espíritu de cobardía, sino de poder, de amor y de dominio propio.

Al tener comunión con el Espíritu Santo, los niveles de logro serán ilimitados. Prepárate para estar lleno de:

- El espíritu de poder
- El espíritu del amor
- El espíritu de una mente sana

Necesitas el espíritu de poder para provocar cambios en tu vida y en la vida de los demás. Que el poder te cambie de gloria en gloria y que nada detenga el movimiento en el Nombre de Jesús. Recibe este poder espiritual como tu asociado con el Espíritu Santo en el Nombre de Jesús.

Declaro que disfrutarás del espíritu de amor en el Nombre de Jesús. Que el espíritu de amor se derrame sobre ti sin medida mientras construyes una relación íntima con el Espíritu Santo en el Nombre de Jesús.

El espíritu de una mente sana te mantendrá enfocado e iluminado en un mundo donde la oscuridad parece estar ganando terreno. El espíritu de una mente sana te hace recibir y retener a Dios en tu mente. También potencia el reino de la creatividad divina; rezo para que su creatividad ilimitada se te abra ahora. Que camines en reinos inusuales de productividad en el Nombre de Jesús. Verás en colores celestiales y lograrás resultados poco comunes en el Nombre de Jesús.

En este lugar de comunión, tu espíritu se entusiasmará con poderes eternos (Hebreos 6:5) y cuanto más tiempo fraternices con el Espíritu Santo en oración, adoración y momentos tranquilos de meditación, comenzarás a experimentar una nueva oleada del poder de Dios hacia ti. Las cosas pequeñas ya no te molestarán, y las cosas grandes comenzarán a emocionarte.

Jesús les pidió a los discípulos que esperaran en el aposento alto para obtener poder, y cuando lo hicieron, sorprendieron a su generación (Lucas 24:49). Mi oración es que a medida que continúes con el Señor, tu vida se convertirá en un testimonio del poder transformador de Dios: que seas una luz brillante para otros en el Nombre de Jesús.

¿QUÉ HACES AHORA?

Primero, si quieres dar tu vida a Dios, debes entender que Cristo vino a morir por todos:

2 Corintios 5:15: y por todos murió, para que los que viven, ya no vivan para sí, sino para Cristo, que murió y resucitó por ellos.

¿Por qué murió por todos? Romanos 3:23 da la respuesta, "por cuanto todos pecaron, y están destituidos de la gloria de Dios". Este estado de pecado posicionó a todos para la destrucción eterna.

Romanos 6:23: Porque la paga del pecado es muerte, mas la dádiva de Dios es vida eterna en Cristo Jesús Señor nuestro.

Dios vio este gran precio y sabiendo que la humanidad no podía pagar, envió a su único hijo a morir y dar Su vida por todos.

Romanos 10:9-10: que si confesares con tu boca que Jesús es el Señor, y creyeres en tu corazón que Dios le levantó de los muertos, serás salvo.

Porque con el corazón se cree para justicia, pero con la boca se confiesa para salvación.

Las escrituras muestran que si alguien escucha de este testimonio y cree con todo su corazón y confiesa con su boca, entonces han recibido y serán salvados de la muerte y destrucción eternas.

Romanos 10:13 dice que todos los que invoquen el nombre del Señor serán salvados. Si realmente quieres recibir a Jesús como tu Señor y Salvador y nacer de nuevo, reza esta oración:

Señor Jesús, creo con todo mi corazón, y confieso con mi boca que eres el Señor y Salvador de mi vida. Desde hoy, confieso mi pecado y me arrepiento y te recibo, el don de la gracia.

Gracias Señor, ahora estoy a salvo. He nacido de nuevo y he sido hecho nuevo. ¡Soy tu hijo Dios, y tú eres mi padre!

Si rezaste esta oración, ¡felicidades! ¡Necesitas entrar en la palabra y comenzar el maravilloso viaje de fe que el Señor ha preparado para ti! Descansa y recibe la gracia, el amor y la fe disponibles para que puedas vivir una vida victoriosa para Dios en el Nombre de Jesús.

Por favor comunícate con nuestro ministerio y comparte tus excelentes noticias. Recuerda que eres una nueva creación en Él y más que un conquistador a través de Él: ¡nada es imposible con Dios!

ALEXANDER O EMOGHENE
GET IN LINE WITH YOUR
DESTINY
A CALL TO THE JOSHUA GENERATION

FIRE RAIN
BREAKING EVIL CONTAINMENT WITH PRECISION PRAYERS
ALEXANDER O. EMOGHENE

PERFECTING

LOVE

DEFEATING FEAR THROUGH A SIMPLE UNDERSTANDING
OF THE POWER OF GOD'S LOVE

ALEXANDER O. EMOGHENE

Alexander O. Emoghene
HONGER
NAAR
IMPACT
...IETS STAAT OP HET
PUNT TE VERANDEREN

www.ingramcontent.com/pod-product-compliance
Lightning Source LLC
LaVergne TN
LVHW020053210726
843507LV00015B/1987